SERBIA

FILIPINAS

PREGUNTAS Para mentes despiertas

Primera edición:
marzo, 2012

© Violeta Monreal, 2012

© Grupo Anaya, S.A., Madrid, 2012
Juan Ignacio Luca de Tena, 15
28027 Madrid
www.anayainfantilyjuvenil.com
e-mail: anayainfantilyjuvenil@anaya.es

Diseño:
Óscar Muinelo

ISBN: 978-84-678-2867-2
Depósito legal: BI-133-2012
Impreso en Grafo, S. A.
Avda. Cervantes, 51
48970 Basauri (Vizcaya)
Impreso en España - Printed in Spain

PREGUNTAS Para **mentes** despiertas

Violeta Monreal

ANAYA

¿Qué DESEO pedirías?

«Lo mucho se vuelve poco
con solo desear un poco más».
Quevedo

¿Qué es un **deseo** para ti?

Un deseo es querer mucho una cosa.

Es querer lograr una meta,
un objetivo.

Es querer que algo pase
o que no pase.

Un deseo se puede lograr
o puede no lograrse nunca.

Un deseo puede ser muy difícil de
conseguir, o imposible,
o mágico.

Un cosquilleo.

Un deseo es una ilusión.

Un sentimiento.

Un sueño.

Una esperanza.

Un afán.

Los deseos mueven el mundo.

Mueven nuestras vidas.

Por eso, hay que tener
cuidado con lo que deseamos.

Porque hay
deseos importantes.

Y los hay
que no lo son.

Me llamo ÓSCAR.
Vivo en MADRID.

¿Qué **deseo** pedirías?

Mi deseo es poder volar, sin avión.

Volaría por encima de mi casa

y saludaría a mis amigos desde el aire.

Viajaría a la Luna y mucho más lejos.

No necesitaría un cohete

porque respiraría en el espacio exterior,

y también respiraría debajo del agua.

Deseo **volar**.

Podría convertirme en saltador de altura,

con o sin pértiga.

¡Sería otra forma de volar!

9

Me llamo AWA.
Nací en SENEGAL.
Vivo en TOLEDO.

¿Qué **deseo** pedirías?

Mi deseo es vivir con mis padres.

En una casa bonita.

Si solo puedo pedir un deseo,

prefiero que vengan mis padres.

Prefiero que vengan ellos a ir yo

porque aquí voy a la escuela y hay más cosas.

Deseo **que vengan mis padres**.

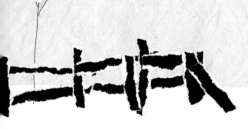

Deseo estudiar mucho
para que, cuando lleguen mis padres,
se lleven una sorpresa.

Mi nombre es DIEGO.
Vivo en ÁVILA.

¿Qué **deseo** pedirías?

Yo deseo ser buscador de tesoros.

Quiero encontrar un tesoro importante:

una ciudad perdida, una cueva secreta,

un palacio escondido...

Deseo ser un aventurero audaz.

Saber historia y saber dónde buscar.

¡Hay muchísimos barcos con oro hundidos!

Quiero encontrar por lo menos uno.

Deseo **encontrar un tesoro**.

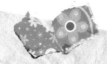

Para buscar tesoros hay que ser muy valiente.

Sobre todo, ser valiente en lo que deseas.

¿Es bueno o malo desear cosas?

Me llamo NOELIA.
Vivo en LEÓN.

¿Qué **deseo** pedirías?

Yo quiero ser muy conocida.

Quiero tener fans, salir en televisión.

Quiero ser actriz, cantante o modelo.

Entonces sería millonaria.

No necesitaría que mis padres

fueran ricos.

Tendría muchos vestidos, mansiones

y también un yate.

Deseo **ser famosa**.

Si fuera famosa,

tendría mucho dinero

y podría ayudar

a los que tienen menos.

15

Me llamo SELENA.
Nací en BOLIVIA.
Vivo en GIJÓN, Asturias.

¿Qué **deseo** pedirías?

Deseo que exista magia en el mundo.

Deseo que los libros se hagan realidad

y que haya castillos encantados, magos,

ríos de estrellas y seres extraordinarios.

En ese nuevo mundo, yo sería una princesa.

Tendría mi hada madrina personal

que me diría los deseos que me conviene pedir.

Deseo **Un mundo mágico**.

Si existiera la magia,
todos podríamos elegir
lo que nos gustaría ser.

¿Por qué cuando consigues algo ya estás deseando otra cosa?

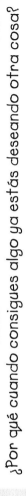

17

Me llamo VLADIMIR.
Nací en SERBIA.
Vivo en GIRONA.

¿Qué **deseo** pedirías?

Yo deseo saberlo todo

desde que la vida empezó en la Tierra.

Me enteraría de los misterios del pasado

y conocería el futuro.

Sería un sabio.

Sabría por qué desaparecieron los dinosaurios

o si vamos a descubrir vida en otros planetas.

Deseo

viajar por el tiempo.

Quiero saberlo todo.
No se pierde nada
por intentarlo.

¿Qué es más fácil: conseguir un deseo malo o uno bueno?

19

Me llamo IZASKUN.
Vivo en PAMPLONA,
Navarra.

¿Qué **deseo** pedirías?

Yo deseo tener un hermano

y que mi hermano sea mi amigo.

No me importa si es chico o chica.

No me gusta que los hermanos se lleven mal.

Me gustaría que volviera mi hermano,

que se murió hace dos años,

pero creo que ese deseo no va a valer.

Deseo **tener un hermano**.

¿Qué deseo pediría el ser más sabio del mundo?

Tampoco estaría mal
tener muchos hermanos.
¡Eso sería muy divertido!

21

Mi nombre es JESÚS.
Vivo en JAÉN.

¿Qué **deseo** pedirías?

Deseo tener superpoderes.

Si pudiera elegir un superpoder,

me gustaría ser invisible.

Sería un héroe que salvaría las vidas de la gente,

un superhéroe invisible, anónimo y valiente.

Me enfrentaría a los peligros más peligrosos.

Mis músculos serían más grandes.

Deseo **ser un superhéroe**.

Siendo invisible me enteraría de muchos secretos.
Algunos se podrían contar y otros no.

23

Mi nombre es SARA.
Nací en PARAGUAY.
Vivo en VALLADOLID.

¿Qué **deseo** pedirías?

Cuando soy feliz me siento guapa y buena.

Deseo que todo el mundo sea feliz,

mi familia y yo incluidos.

Si pidiera este deseo, no habría guerras,

ni pobres, ni tragedias, ni desastres,

ni enfermedades, ni accidentes...
Deseo

felicidad para todos.

Cuando no soy feliz, me siento fatal
y no me gusta nada de lo que me rodea.

25

Me llamo TRANQUILINA.
Nací en FILIPINAS.
Vivo en LUGO.

¿Qué **deseo** pedirías?

Mi deseo es cambiar el calendario.

No solo para mí, sino para todo el mundo.

Deseo vacaciones de nueve meses

y que el curso dure tres meses.

¿Que me estoy pasando?

Pues, entonces, un mes vacaciones, un mes trabajo.

Deseo **más vacaciones para todos**.

Todo el mundo necesita vacaciones.

Si tuviéramos más vacaciones,

los hijos pasarían más tiempo con sus padres.

¿Se cumplen los deseos que pides cuando ves una estrella fugaz?

27

Me llamo NICOLÁS.
Nací en BRASIL.
Vivo en ZAMORA.

¿Qué **deseo** pedirías?

Siempre vengo al colegio corriendo.

Mi deseo es correr muy, muy rápido;

ser el más rápido del mundo entero.

Deseo ser campeón y ganar una medalla.

Y no quiero hacer trampas.

Deseo ser muy rápido,

pero sin pociones mágicas.

Deseo **ser campeón de velocidad**.

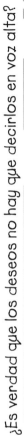

Mi deseo sería mejor

si las personas a las que quiero

me vieran correr y ganar.

¿Es verdad que los deseos no hay que decirlos en voz alta?

Me llamo ANA PAULA.
Nací en PORTUGAL.
Vivo en GETAFE, Madrid.

¿Qué **deseo** pedirías?

Mi deseo es un secreto.

Me da vergüenza que en clase se enteren.

Deseo que mi peluche hable y sea mi amigo.

No tengo ninguna amiga.

Ninguna niña me quiere

porque ya tienen todas otra amiga.

Mi deseo **es un secreto**.

Si los juguetes fueran seres vivos,
no podríamos tener tantos
porque habría que cuidarlos más.

31

¿Qué desearías cambiar de **ti**?

Ser más alto.

No tener hermanos.

Tener los dientes derechos.

Escribir mejor.

Tener más imaginación.

No estar enferma.

No hablar tanto.

Tener el pelo liso.

Tener el pelo rizado.

Ser más ordenado.

Protestar menos.

No ser tan cotilla.

No ser tan grandota.

Saber más matemáticas.

Ser diferente.

Tener ilusión.

¿Qué desearías cambiar de **tus padres**?

La novia de papá.

El mal humor
de papá.

Las protestas
de mamá.

Que sean
más cariñosos.

Que no
me castiguen.

Que me respeten.

Que no pierdan la
paciencia.

Que no
me regañen.

Que me suban
la paga.

Que me dejen
tener un perro

Que me dejen opinar.

Que me digan
lo que hago bien.

Que jueguen
conmigo.

Que me cuenten
sus cosas.

Que no chillen.

Que no critiquen
mi ropa.

33

¿Qué desearías cambiar del **mundo**?

Que la gente no esté triste.
Que los niños no pasen hambre.
Que vayan a la escuela.
Que tengan casa.
Que tengan padres que les cuiden.
Que todo el mundo sea amable.
Que nadie se pelee y se mate.
Que no haya ricos ni pobres.
Que no se corten los árboles.

Que solo haya un país: la Tierra.

Que no haya tanto ruido.

Ni gente mala.

Ni guerras.

Ni desastres.

Ni contaminación.

Ni enfermedades.

Ni tanta basura.

Ni incendios.

Y tú, ¿**qué piensas**?

Nombre:

Edad:

¿Dónde vives?

¿De dónde son tus padres?

Dibuja el deseo que te gustaría pedir.

1. ¿Qué es un **deseo** para ti?

2. ¿Qué **deseo** pedirías? ¿Por qué o para qué?
(Puedes pedirlo para ti, para tu familia, para toda la humanidad. Pueden ser cosas concretas, sueños, ilusiones, deseos mágicos e imposibles...).

3. ¿Qué desearías cambiar de **ti**?

4. ¿Qué desearías cambiar de **tus padres**?

5. ¿Qué deseas cambiar del **mundo**?

6. ¿Qué le preguntarías a un sabio que lo sabe todo de los **deseos**?

LUGO

GIJÓN

ZAMORA

ÁVILA